나는 시인이 아니다

설해 시집

사색공간 출판사

작가의 말

무식하면 용감하다는 말
바로 나를 두고 하는 말

그저 글 쓰는 게 좋아서
일기 쓰듯 적어 놓은 것인데

날개를 달아주려는 남편
"빚을 내서라도 시집 내 줄게"

그 사랑의 날개 덥석 달고 보니
어느새 진짜 날고 싶어지네

시인이 아니라 해도 상관없다
나를 날게 해줄 남편과
가족이 내 편이니까

　　　－칠곡 촌부 설해(눈 오는 바다)－
　　　　　　　2025, 가을

감사의 글

용기 주고 응원해 준 남편 최홍규
물심양면으로 도움을 준
큰아들 내외 최민음, 이미나
컴퓨터로 작업하는 모든 것을
세세히 가르쳐준 늦둥이아들 최찬희

사랑하는 가족
그대들의 격려와 도움이 있기에
부끄러움을 무릅쓰고 용기 내어
이 시집을 펴냅니다

감사합니다

차례

1부. 사랑, 이별, 그리움

2부. 자연의 노래

3부. 삶&도전

4부. 세월

5부. 일상속에서

6부. 가족

1부. 사랑, 이별, 그리움

돌이킬수없는것은몸이아닌마음인것을
아침을붙잡지못하는이슬의눈물인것을
어스름한초저녁돌아앉은바람인것을
에있어도마음이없으면그것이바로우리의
이별인것을 길혜의 이별 반석

35x75 이별

사랑은

거울 속 낯선 얼굴
분명 들여다 보는 건 나인데
다시 보아도 내가 아니네

사랑의 노예 되어
그리움에 지치고
보고픔에 목마르니
애달픔에 파리한 낯선 모습

사랑은
사람을 망치게 하는 요물인가
아니면
사람을 병들게 하는 바이러스인가

사랑한다는 그 말

사랑한다는 그 말,
한평생 기울도록
진홍빛 노을 되어
하늘 한켠에 머무네

사랑한다는 그 말,
영혼을 바치게 한
가슴에 박힌 못
아픔에 무너져
생사의 경계에 있네

아, 이렇게 될 줄 알았다면
그 말을 삼켜버릴 것을
침묵으로 사랑할 것을

바로, 지금

꽃같은 내 사랑이
파르르 떨리는 가슴으로
새가 되어
그대의 마음에 둥지를
틀었어요

내 뼈 마디마디에
봄 햇살 같은 사랑 채우고
솜털보다 더 사뿐히 스며들며
그대 품에 포근히 안깁니다

이슬이 가장 아름다울 때는
아침 햇살 받아 영롱히 빛날 때
사랑이 가장 아름다울 때는
바로, 지금
사랑할 때입니다

연연불망

새가 태양을 향해 나는 것이
방향을 찾는 것 위함이라면
나는 그대를 찾으려
두 눈 태양에 드리우리

시간의 지평선 위,
그리워 잊지 못하는
그대 찾아 헤맬 때
가엾이 여긴 신이
환히 두 눈 뜨게 하면

막 걸음마 시작한 아기처럼
배슬배슬 다가가
그대 얼싸안고 춤추리라

*연연불망-그리워서 잊지 못함

새벽에

갓 깨어난 새벽
창밖을 보니
찬바람에 창백한 달빛

새벽을 붙들려는 별의 발버둥은
더욱 강력한 빛을 내뿜고
아침에 사라질 것들의 애절함이
귀에 들리는 듯 한데

나는 왜 이 새벽
이들을 바라보고 있나

아마도
꿈에 찾아온 그대가
아침과 함께 올지 모른다는
덧없는 기대감 때문이리라

그날

눈부셔 강담 못할 그대가
내 가슴에 박히던 그날

겨울 호수처럼
차갑게 얼어붙었던 마음이
봄 같이 따뜻한 사랑으로
눈물 나도록 아름답게 피어났네

명랑한 달 같은 그대가
내 가슴에 박히던 그날

흔들리는 불빛 속
마음 둘 곳 없던 빈 공간에
시간 속에 표류하던 마음이
찬란히 빛나는 햇살이 되었네

그대가 내 가슴에 박히던
그날

이별

돌이킬 수 없는 것은
몸이 아닌 마음인 것을

아침을 붙잡지 못하는
이슬의 눈물인 것을

어스름한 초저녁
돌아앉은 바람인 것을

옆에 있어도
마음이 없으면

그것이 바로,
우리의 이별인 것을

첫눈의 유감

첫눈이 오면
만나자던 약속을 믿었던가
수북이 쌓이는 눈 속에
그렁그렁 고이는 기다림

사랑이 흩날리는 눈처럼
그리도 가벼웠던가

첫눈 잘못은 아닐진대
짐짓 아닌 척 돌아서고
핑계는 차가운 첫눈의 몫

그러나,
그대 향한 사랑은
뼈 속까지 시린 폭설이 되어
하염없이 거리를 헤맨다

비와 유자차

따뜻한 유자차 한 잔 들고
비 내리는 창밖을
물끄러미 보노라니

유리창에 부딪히는
빗방울 방울마다
맺혀 내리는 그리운 얼굴들

자세히 보려 하자
방울 속에 숨어버렸나
더는 볼 수 없네

뜨거운 유자차 열기 속
안개처럼 뿌옇게 아른거리는 얼굴

애꿎은 차만 휘적휘적 저으니
그렁그렁 눈물이
빗물처럼 흐르네

돌아오소서

그리운 고운 님이여
은하 강물이 차고 넘치도록
기다림으로 채워도
이내 허무룩 하네요

숨조차 쉴 수 없을 만큼
메말라가는 나무 둥치 같은
이 가여운 모습
남겨진 자의 아픔을
동풍에게 전해 듣거든

다소니여, 내게로 돌아오소서
차디찬 북풍이 불기 전에
돌아오소서

*허무룩-마음이 매우 서운하고 허전한 모양
*다소니- 사랑하는 사람

문신

그리움 끝자락엔
언제나 그대가 있어
아무도 몰래 새어나오는
천길 낭떠러지 한숨

그리움은
세포 하나하나에 새겨진
문신 같아서

몸의 세포가 소멸할 때
함께 사라질 줄 알았는데
다시 생성된 세포 속에
더 깊이 뿌리 내리네

어쩔 수 없네요
언 가슴 혈관에 녹진하게
파고드는 그리움과
영원히 동거하는 수밖에

잊지 못할 사람

마음이 나노처럼 얇아져
더 이상 볼 수 없게 되면
그때는 잊힐까요

별들이 암흑 속을 맴돌다
허공에 흩어져 사라진다면
그때는 잊힐까요

바람 멈춰 버린 가지 끝에
그리움 걸어 두고
달빛에 목욕시켜 숨겨두면
그때는 잊힐까요

그래도 잊지 못할 사람이라면
아무도 모를 자리 하나 비워 둘게요
슬픈 미소로 그 속에서
영원히 만나요

그리움은

그리움,
그 안에는
삼라만상이 들어있다

낮의 해와 밤의 달
춘하추동 사계절이
그리움 되어
온몸의 피를 갈아 넣어도

측량할 수 없는 우주
별이 내어 준 무한한 빈 공간

그 안에 펼쳐 놓은 그리움은
오롯이,
그리움의 몫이다

기다림의 시작

휑하니 손가락 사이로
흘러가버린
꽃향기 한 줄기

미처 담지 못해
애태우는 바람
사라지는 것들의 비명

시린 잠에서 깨어보니
눈앞에서 멀어지는
이별 한 자락

찢어지는 듯
가슴 한켠에 내려앉은 이별
그것 또한,
기다림의 시작이리라

생일

수십 년째 어김없이 찾아오는 생일
올해도 잊지 않고 또 왔네
매년 먹는 미역국,
질리지도 않나

하나 둘 초 개수가 늘더니
케이크 위를 가득 뒤덮네
해마다 더해지는 촛불,
무안하지도 않나

생일이면 더욱 그리운 부모님
미역국 끓이시던 어머니
케이크에 불 밝히시던 아버지

오호라
생일날 부모님 그리운 걸 보니
나 또한 세월을 먹었구나

편지

그대여 언제 오시나요
소식을 묻는 이 편지를
달빛에 띄워 보냅니다

다시 오마 하신 약속
가슴에 품고 기다리지만
기약없는 기다림은
온몸을 까맣게 태우는 아픔이에요

미리내 깊음 속에 갇히셨나요
아니, 모든 것 잊게하는
레테의 강을 건너셨나요

오실 날 학수고대하는 나를
부디, 기억하시고 답장 보내주세요
그리하면,
소망 품고 기다릴게요

아카시아 꽃

별이 달맞이하는 초저녁
아장아장 걸음 옮겨
마당 가득 내려앉는
아카시아 꽃 향기

그 향기에 그리움이 젖어 들고
설풋한 기억에
아슴아슴 힘이 빠지는 온몸

쌀튀김 같은 꽃송이
하나하나에 터져 나오는 추억
하나하나에 터져 나오는 사랑
목젖까지 차오르는 그리움

밀가루에 향긋한 꽃송이 넣고
빵을 만들어 주시던
엄마의 사랑이 그리워지는
아카시아 꽃

2부. 자연의 노래

봄바람

오물 오물
움트는 어린 가지에

송골 송골
맺혀가는 보리 알갱이에

간질 간질
코끝에 라일락 꽃향기 실어

살랑 살랑
다가오는 봄바람

성해의 봄바람을 적다
반석 최홍규

대서

구름과 바람은 숨바꼭질하고
해를 쫓다 고개 떨구는 해바라기
산천도 더위에 흐느적거리는
한여름, 대서

초록빛을 훔치다 해에게 들킨
작은 이파리
깜짝 놀라 붉은 꽃 토해내고
잘강잘강 더위를 씹어 삼킨다

한여름의 뙤약볕은
혼자 걷기에는 외롭고
대서의 더위는
둘이 걷기엔 참으로 껄끄럽네

물안개

온다는 기별도 없이
살금살금 다가온 그대

신비로운 떨림
보드라운 알갱이 되어
사뿐 입맞춤하네

혹 바람이 시샘하여
그대를 멀리 보내 버리면

눈물 방울방울 모아
강에 띄우고 기다리리

그대 다시 오는 날
그때, 다시 만나리라

설해 (눈 오는 바다)

눈 내리는 바다에 가 본 적 있는가?
그 황홀경에 넋 놓친 적 있는가?

마법처럼 쏟아지는 눈
오롯이 받아내는 바다
그 속에 잠겨 구천을 헤매다가
일차원에 갇혀 버린 파도

한 줄기 빛 마저도
바닷물 속으로 빨려 들고
사방을 둘러봐도
온통 하얗다 못해 희뿌옇네

벌판 같은 바다를 덮으려는 듯
하염없이 쏟아지는 함박꽃송이
그 설백색에 황홀하여
온몸으로 눈을 받아내는 설해

강아지 똥

새의 노래에 춤추다
느티나무 그늘로
쉬러 간 나뭇잎 하나

반갑게 자리를 내어준 그늘 아래
고단한 몸 잠시 맡기고
꾸벅꾸벅 졸다가

생뚱맞게 두리번거리더니
돌멩이 하나 주워 들고
하늘 향해 휙 던지네

아뿔싸,
나뭇잎이 앉은 곳은
그늘이 살짝 가려 놓은
강아지 똥 위 였다네

서예는 오케스트라

서예, 그 무한의 오케스트라
종이 위, 삼라만상이 연주된다

강과 꽃이 노래하고
구름과 바람이 춤추니

시냇물 같은 붓 선이
대지를 가르는 폭포가 되고
보슬비 같은 먹빛이
내리 꽂는 장대비로 번진다

우주 중심이 빛을 발하니
휘몰아치던 호흡이 고요해지고
혼신의 연주가 끝난 종이 위

용이 용트림하고
학이 사뿐히 내려앉아
그렇게, 하나의 합주가 된다

뻐꾸기와 뱁새

남의 둥지에 알을 낳고
슬피 우는 뻐꾸기

남의 알을 품느라
날개 휘는 뱁새

내가 낳은 내 새끼
내가 품은 내 새끼

낳은 엄마 뻐꾹뻐꾹
품은 엄마 쩍쩍쩍쩍

초여름 숲속에서
두 어미의 슬픈 노랫소리가
이산저산 넘나들며 메아리 친다

*뱁새-붉은머리오목눈이

무지개

줄기줄기 선을 세워
내려오는 빗줄기를
방울방울 그러모아
해님의 나들이를
기다리는 무지개

성큼 불어오는 바람에
먹구름 달아나고
빗줄기마저 따라 물러나면

고이 모아 둔 물방울을
한 땀 한 땀 엮어
자랑하듯 하늘에 펼치고

그 짧은 순간을 위하여
기꺼이 제 몸을 바치네

한여름 태양

이글거리는 태양
고개 떨군 초록 이파리
잠시 숨 고르는 새들
세차게 덮쳐오는 태양 아래
사브작사브작 여무는 나락

한여름의 태양은
토마토에 붉은 빛을 물들이고
사과 푸른색을 감쪽같이 지우며
농부의 땀방울로 소금 옷을 만드네

한여름 태양이 없으면
고막 때리는 매미 소리가 없고
풍성한 오곡백과가 없으니
이 더위 잠시 즐겨 봄이 어떠하리

봄바람

오물오물
움트는 어린 가지에

송골송골
맺혀가는 보리 알갱이에

간질간질
코끝에 라일락 꽃향기 실어

살랑살랑
다가오는 봄바람

밥상

호박 줄기 어린 잎
풋고추 두어 개
햇빛 한 움큼 버무려
구름 한 술갈
바람 한 줄기
꽃향기 한 자락 더하니

나른한 초여름
한 상 가득 차려진
밥상의 향연

상 위에 오순도순 자리 잡은
고추장 간장 된장 쌈장은
모두 '장' 자로 끝나는
끝말잇기 놀이를 한다

노을

한가로이 떠다니는 구름
무심히 지나가는 바람

서산마루 햇살이
장난꾸러기처럼 바람을 부추겨
구름을 간지럽히니

까르르 간지럽다고
빨강 노랑 웃음 터트리며
하늘에 뒹구는 구름

그 해설피 하늘에 퍼지는
웃음소리에 부끄러워
빨갛게 수 놓듯 물드는 노을

봄

가! 가! 가라고!
무슨 미련이 그리도 많아서
못 가고 서성이니?
여름이 자꾸 재촉하는데

그게 아니에요
저기 봐요
나비가 저리 희롱하고
민들레가 놀자고 유혹하는데

돗자리 펴고
가쁜 숨 고르고
살랑살랑 바람과
정답게 노닐다가
꽃 구경 조금만 더 하고 갈게요.

한나절 늦는다고
세상 종말이라도 올까 봐

여름

바다로 뛰어든 물빛 하늘
시리도록 차가운 폭포를 마시고
하늘까지 솟구쳐
구름 따라 바다로 자맥질 하러 갈까

끝없이 부서지는 눈보라 같은 파도
뛰어 들고픈 시원함
초록빛 바다 물결
온몸으로 여름을 부르네

푸른 잎이 태양의 색을 훔치러
살금살금 다가오고
머지않아 끓는 물도 식고
이 열기도 사그라들겠지

여름은 더워야 제맛이지
뜨겁다 불평말고 이 계절을 사랑하자

가을

뒷마당 감나무
불그레 볼 단장 하고
앞마당 대추나무
떼구르르 눈알 굴려 훔쳐보네

하늘은 아직도
여름의 맹렬한 태양을 품고
초록잎은 아직
이별을 망설이는데

서늘한 바람 선두에 세우고
"여름아, 이제 물렀거라"
호령하는 가을은
붉고 노란 깃발 높이 든
위풍당당 개선장군일세

겨울

겨울은 하얀 입김으로 온다
힘 잃은 해는 구름 뒤로 숨고
빈 거리에 핀 눈꽃
안경에 내려 앉은 뿌연 별

겨울은 군고구마 냄새로 온다
아련한 냄새가 거리를 채우고
하얀 종이봉지 속
미소 짓는 숯검댕이 얼굴

겨울은 온돌로 온다
떨리는 참새가 파고든 둥지처럼
차가움에 옷깃 여미고 들어선 집
따뜻한 엄마 같은 온기

우리의 겨울은 그렇게 온다

목련

밤사이,
봄비가 다녀간 뜰 안
그대,
활짝 피어 있었네요

종종걸음으로 다가가 입맞춤하니
은은한 사랑의 향기
코끝에 감돌고

황홀한 모습이 온몸을 휘감아
세상의 모든 것이
현기증 난 것처럼 흔들려요

그대,
내 가슴에 핀 꽃
영원히 지지 않을 꽃으로 남아주오

매미

1.
긴긴 꿈을 꾸었네
언젠가 신이 허락하면
이 어두움을 뚫고
그리운 짝을 찾아
황홀한 빛 속으로 비상하리라

시간의 흐름도
낮과 밤의 경계도 잊은 채
웅크리고 숨 죽여 왔던 수많은 해
마침내 장막을 깨고 나온 날

아아, 몰랐네
한여름의 그 짧은 날
기쁨의 노래가
슬픔의 울음이 되리란 것을
발버둥치며 올랐던 낙원이
결국 무덤이 되리란 것을

2.
두 치도 안 되는 몸
절반은 짝을 찾는 노래로 채우고
절반은 텅 빈 가슴으로
애가를 부르는 매미

짝은 찾았느냐
어둠 속에서 꿈꾸던 그 짝을 찾았느냐
구애의 노래에 온몸을 던져
빈 가슴에 너를 위한 노래는 채웠느냐

여름에 기대어 사는 그 짧은 동안
너에게 주어진 운명에
슬픈 노래가 아닌
즐거운 노래를 들려다오
너를 위한 조곡은
더이상 부르지 않을 터이니

*두 치-약 6.06cm (한 치는 약3.03cm)

3부. 삶&도전

갖지 못할 하늘은 바라보는 것만으로도 족하고 담지 못할 바다는 손끝에 닿는 것만으로도 족하며 잡지 못할 바람은 살결에 스치는 것만으로도 족하다 내 것도 네 것도 아닌 것을 보고 만지고 느끼는 것만으로도 어찌 족하지 않으랴 설해의 안분지족을 적다 반석 최홍규

안분지족 35x75

하루살이

그린란드 상어는 오백년
초파리도 한 달 이상을 사는데

고작 하루 이틀을 사는 하루살이
오늘도 저 빛을 향해 날아간다

내일의 죽음을 알기에
온 힘 다해 오늘을 사는
빛을 좇는 작은 몸짓들

단 한번의 눈부신 하루가
무사히 지나가는
기적이 일어나기를

권토중래

하늘에 피빛 울분을 토하고
땅에 힘껏 발길질해도
흙먼지만 일으키고
꼼짝하지 않는 세상

발버둥 칠수록
점점 숨통을 조여오는
검은 늪 같은 나날
끝없이 이어진 터널 밝은 빛은
눈부심으로 흐릿하기만 한데

그러나,
포기는 배추를 셀 때 쓰는 단어

인생의 진흙탕 길 위에서
짓눌린 두 주먹 불끈 쥐고
발밑의 흙을 박차고 다시
우뚝 일어서리라

가나안으로 간다

가나안으로 가는길
광야에 놓인 용암같은 사막

가시덤불 속 꼬리 쳐든 전갈과
숨죽여 발을 노리는 독사
그래도 간다, 가나안으로

젖과 꿀이 없는 광야에
몸이 말라 허공에 흩날리고
찢긴 상처로 죽음에 이를지라도
불러줄 이 하나 없을지라도
그래도 간다, 가나안으로

돌아가야 할 고향 가나안,
가는 길 두렵고 험할지라도
광야를 지나 가야 한다,
간다, 가나안으로

자강불식

길섶에 핀 이름없는 꽃도
속절없이 굴러다니는 돌멩이도
존재하는 이유가 있을 터

목적없이 살아온 나
바람에 이는 한줌 먼지,
파도에 휩쓸리는 덧없는 낙엽이라

어리석도다, 미련하도다,
무지렁이가 아닌 다음에야
게으르고 나태함으로
어찌 허송세월 하였단 말인가

이제야 스스로 다그치니
만시지탄만 하지 말고
심기일전하여 자강불식 해보세

*자강불식-끊임없이 자신을 새롭게 다짐하고 노력함

51

환희

용암이 굳어 멈춘 자리
살포시 돋아난 새싹 하나

철갑 벗고 하늘로 비상하는
파르르 떨리는 새의 날개

태양이 작열하는 멧부리에
살랑이는 실바람 한 자락

삼 년 가뭄, 하늘 저편에서
떠오르는 비 구름 한 조각

삶을 잉태한 모든 것들에
울려 퍼지는 환희

누구에게나

누구에게나 툭 치면
터져 나오는 노래 한 구절이 있고

누구에게나 천 길 우물 속
꼭꼭 숨겨둔 첫사랑이 있고

누구에게나 흙먼지 이는 길 위에
홀로 선 외로움이 있더라

봄이 여름에 묻히고
가을이 겨울을 맞는
그렇게 시간은 흐르고

돌아보니, 낯설어진 시절
두 다리 쪽 펴고 앉아
허공과 친구 되어
가만히 지난날 속삭여 본다

사랑의 늪

움직이지 마라,
온몸으로 핏빛 노을을 토하며
더 깊은 심연 속으로 가라앉는다

소리치지 마라,
아픔이 울음이 되어
가슴에 메아리가 되니
더 깊이 침묵한다

아, 끝이 있었던가
운명의 소용돌이 속
이 끝없는 사랑의 늪에 잠겨
몸부림치는데

반딧불이 한 줄기 빛으로라도
이 늪에서 건져 주소서

나이가 들면

나이가 들면 많은 것들이
회색 언저리에 자리 잡고
하나 둘 떨어지는 낙엽소리에도
마른 기침 내뱉으며 뒤척인다

삶의 애착은 한층 더 깊어가는데
간절히 원하는 건강은
돌아 올 기약없이
먼 길 떠나는 나그네

남아있는 것은 지난 날의 후회
과거는 과거로 보내자 해도
붙들고 끙끙대는 몹쓸 마음

오늘도 나이 든 노인은
소싯적 꿈속에서 숨을 쉰다.

약함과 강함

희로애락과 생로병사 속에서
하얗게 지새운 나날들

중도를 지키려 했지만
허망한 세월만 낚았네

약함은 새싹하나 틔우지 못하고
강함은 오만한 바벨탑을 쌓네

약함이 모이면 강해진다 하고
강함이 모이면 무너진다고 하는데

나비처럼 약하고
독수리처럼 강한
그 모순을 이고 사는 삶이여

인생 길

가려 하니 천리 만리
있으려니 천근만근

작은 몸에 덕지덕지
작은 맘에 수북수북

내려놓을 수도
지고 갈 수도 없는
이 무거운 짐

혼자서는 갈 수 없는 길
끝없이 무거운 인생의 길

항해자

세상풍파 한가운데
홀로 돛을 올린다

빛조차 삼켜버린 검푸른 바다
거친 숨을 내쉬며 집어 삼킬 듯
울부짖는 파도

한낱 작은 배는
나뭇잎처럼 흔들리고
어둠 속 희미한 꿈처럼
등대는 보이지 않네

끝없이 펼쳐진 악마의 심연
그 앞에서 멈춰 서지 않는다

인생이란 드넓은 바다를
어떠한 시련에도
멈추지 않고 나아가는 항해자

개망초

노란 알맹이 하얀 꽃
꼿꼿이 고개 들고 기죽지 않아
반숙한 계란프라이 같아서
이름하여 계란꽃

꽃밭 가운데 피어난 개망초
뽑을까 뽑힐까 눈치싸움
서슬 퍼런 호미와의 밀당
'나도 꽃인데'

잡초라는 불명예를 씻어 보자
들여다볼수록 예쁜 계란꽃
반기는 사람 없어도
"나도 꽃이다"

루비콘강을 건너다

되돌아 갈 수 없기에
건너가야만 하는 강

굽이치는 강물에 몸을 내 맡긴 채
낙엽처럼 속절없이 떠내려 가는 몸

얼마나 많은 세월
이 강을 건너려 했을까
삼킬 듯 요동치는
물결의 장난을 누가알며
그 깊이를 어찌 알랴

오랜 싸움 끝,
여울목 가장자리에서
흐릿한 눈빛으로 건져 올리는
패잔병의 고달픈 눈물

삼단 같은 갈대숲에
고통의 가닥을 매어놓고
오늘도 건너간다,
주사위는 이미 던져졌다

*루비콘강-BC49년 카이사르가 건넌 강(이탈리아 북부의
작은 강)

서예수업

ㄱ.ㄴ.ㄷ.ㄹ….
힘 꽉 붓을 쥔
고사리 손으로
화선지 위에 글씨를 쓴다

글씨는 분명 화선지에 썼는데
손가락엔 먹물 들고
얼굴엔 대감님 수염이요
옷엔 먹구름 내려 앉았네

몸과 마음 수양은
엿 바꿔 먹고
먹물 한 점에 호들갑이요
글자 하나에 희로애락이라

아,야,어,여….
먹 갈기 싫어 허옇게 쓴 글씨
먹을 너무 갈아 떡이 된 글씨
너무 힘 주어 구멍 뚫린 글씨
삐뚤빼뚤 추상화 같은 글씨

검사 받는 아이의 간절함
짐짓 모른 체
선생님의 ”땡“ 소리
야속하기만 한데

“오늘은 기필코 통과하고 말 거야”
고사리 손,
힘차게 붓을 잡는다

장기

40cmx40cm 전장터 위에
한 초 32용사들이 패권을 다툰다
누런 흙먼지를 날리며 진격 돌격

졸이여 전진하라, 병이여 막아라
코끼리는 길을 터라, 말이 뛰어나간다
포를 쏘고, 사는 왕을 호위하라
차가 진격한다

앗!
포 공격에 차 떨어졌다
전세가 기울었다
장기판이 뒤집어 지고
바닥을 뒹굴며 또르르 굴러가는 병사들

하늘 보고 한숨 쉬고 땅 한 번 발길질
주섬주섬 다시 펼쳐진
끝나지 않는 장기판 위 전쟁

안분지족

갖지 못할 하늘은
바라보는 것만으로도 족하고

담지 못할 바다는
손끝에 닿는 것만으로도 족하며

잡지 못할 바람은
살결에 스치는 것만으로도 족하다

내 것도 네 것도 아닌 것을
보고 만지고 느끼는 것만으로도

어찌 족하지 않으랴

　　*안분지족-편안한 마음으로 제 분수를 지키며 만족할 줄을
아는 삶

산불

어둠을 뚫고 솟아나온 악마
인간을 조롱하듯
시뻘건 혓바닥 드러내고
불덩이를 토해 내며
남김없이 집어 삼킨다
삼대 주린 걸신처럼

바람아 불지 마라
악마가 춤을 춘다
쉬지않고 이산 저산 뛰어다니며
이글 거리는 눈으로
삼킬 곳을 찾아다닌다

비틀거리다 허리가 꺽이고
발버둥 쳐도 벗어날 수 없는
그물에 걸린 새 같이
허우적거리며 헤매는데

하늘의 하나님께 빌어볼까
땅에 무릎 꿇고 호소해 볼까
지옥의 신이여
간곡히 부탁하오니
이제 그만 어둠 속으로
불을 뿜는 저 악마를
데려가 주소서

4부. 세월

세 월

한올 한올 꾸매는
바느질 같은 세월
바늘에 찔린 손가락의 선홍색 피
세월의 낡은천에 스며들어
아로 새겨진 아픔

가는 세월 삭둑삭둑 자르고
오는 세월 조각조각 잇대어
멋진 인생옷 만들려다
찔린 아픔에 내팽개친 낡은천

아픈 손가락 부여잡고
문득 돌아보니
만들다만 인생옷에
낡은 세월의 애잔함이 스며든다

설해님의 세월을씀 반석

35x50 세월

68

안갯속

푸르던 달빛이 잠들고
희뿌옇게 달무리가 서린 밤
어둠 속으로 스며드는 지난날

희끗한 머리카락 사이로
아른거리듯 스치는 옛 그림자

찬란했던 꽃은 시들고
흰 서리가 내려앉은 안갯속

두 손 휘적휘적 저으며
더듬어 찾던 길

잠에서 깨어난 달빛을
가로질러 걷는 뿌연 안갯속

추억의 노래

무심코 지나가던 작은 커피숍에서
커피향과 함께 흘러나오는
어릴 적 듣던 노래

새들도 잠자리에 든 늦은 밤
비몽사몽 헤매일 때
쟈니 허튼의
'올 포 더 러브 오브 어 걸' 이
라디오에서 흘러나오면
졸리운 눈 비비고
리듬 맞춰 흥얼거리며
함박웃음 짓던 단발머리 시절

찬바람이 비껴 불기를 수십 번
내가 좋아하는 노래는
아직도 변함없이 흘러나오는데
나는 노래를 잊어가는 구나

문득 옛 추억에 꺼내 본
낡은 카세트테이프와 작은 플레이어
무심함에도 잘 견디며
세월의 조각을 간직한 지난 흔적

그때 그 시절 노래는 늙지도 않고
여전히 내 귓가에 맴돌건만
망각 속에 두고 온 가사
아른거리는 안갯속에 숨어 버렸네

흘러간 팝송의 한 구절
눈물짓던 발라드의 가사
그 이야기들이 내 노래가 되어
아련한 추억 속에 집을 짓네

먹물

미리내 조금 길어 와
연당에 고이 붓고
기도하듯 두 손 모아
사각사각 먹을 가니
묵향에 취했나
먹가는 소리 고요하네

검푸른 먹물빛은
비단처럼 매끄럽고
감은빛 하늘에 펼쳐진
오로라의 향연인가
연지에 고인 먹물
별들이 목욕하네

*감은빛－석탄의 빛깔과 같이 다소 밝고 짙은 빛

72

소망

당신은 내게
세월의 한 복판에 우뚝 선
나무가 되라 하지만

나는 숨결 같은 바람에도 몸 떨고
이슬 한 방울에도 고개 떨구는
유리 같은 새싹이에요

당신이 굳건한 나무 되어요

나는 당신 입김 속에
몸 누이는 작은 잎사귀되어
당신 품에 안식하며
행복한 꿈 꾸고 싶으니

인생줄

별이 빛나는 것은
달의 눈물 때문이라고
바스락 떨어지는 꽃잎이
시간의 흔적이라고
그래,
그렇게 믿던 때가 있었지

상처에 뿌려진 창백한 소금
그 아픔을 알기 전까지
몰랐다,
이미 깊게 스며든 것을

흰 서리 산마루에 어리고
힘겹게 내쉬는 숨소리
노을빛 석양이 스러지려 할 때

남아있는 몇 가닥 거미줄 붙들고
날실 들실 건너가는 아슬아슬한 인생줄

시간

유수 같은 그대여
선바람으로 동동거리며
어디를 그리 바쁘게 가시나요

하루는 너무나 쏜살같이 지나가고
갑자기 찾아오는 흰머리에
정신까지 아득해집니다

들창에 부딪히며 스러지는
별빛 같은 사연을
눈물에 담아 달빛으로 씻어내고

퍼르퍼르 흩날리는 마음
가난한 영혼의 이야기를 나누며
한 번 가면 다시는 올 수 없는 그대여
잠시 이곳에 머물다 가세요

  *선바람-지금 차리고 나선 그대로의 차림새

LP판

침묵의 반세기
덕지덕지 먼지 무게 견디며
턴테이블을 기다리던 LP판

추억 속에서 여행 중이던
턴테이블을 만나니
묵은 때 말갛게 씻어내고
빛으로 물드는 주름진 홈

커피 향 가득한 오후
애틋한 턴테이블을 껴안고
황홀함에 빙글빙글 춤추는 LP판

지지직, 묵은 세월의 소음
잊었던 옛사랑을 깨우고
오랜 추억들을 불러 온다

　(피땀어린 용돈 모아 턴테이블과 스피커를 사 준 아들에게
감사하며)

세월

한 올 한 올 꿰매는
바느질 같은 세월
바늘에 찔린 손가락의 선홍색 피
세월의 낡은 천에 스며들어
아로새겨진 아픔

가는 세월
삭둑삭둑 자르고
오는 세월
조각조각 잇대어
멋진 인생 옷 만들려다
찔린 아픔에 내팽개친 낡은 천

아픈 손가락 부여잡고
문득 돌아보니
만들다 만 인생 옷에
낡은 세월의 애잔함이 스며드네

주름살

젖은 미소 머금고
슬며시 들여다본
거울 속에서
스멀 스멀 기어나오는
세월의 간지러운 자국

거울 뒤에 애써
감춰 두려 했으나
날마다 시나브로
내 얼굴에
깊이 스며들었네

피아노

살피꽃밭 끝 돌담 울타리
그 집 앞을 지날 때면
언제나 들리던 피아노 소리

피아노 치는 사람과
그 집의 윤택함이 궁금해서
돌담 너머 훔쳐보던 아이

요정 같은 언니와 눈이 마주치자
놀란 개구리처럼 팔짝 뛰고
바람보다 더 빨리 도망쳤지

지금도 피아노를 치노라면
건반 위 선율 따라
요정 같았던 그 언니가
눈앞에 아른거린다

구름다리

건널 수 없는 강
이 끝에 내가 서있고
저 끝에 당신이 서 있기에
그대에게 닿기 위해
구름다리 만들어 갑니다

오가는 세월 속에 피고 지던
기억의 자락을 한 알 한 알 엮고
애달픈 사연 시간의 줄에 고이 꿰어
구름다리 위에 걸었어요

숨죽이며 내 딛는 구름다리
끊어질까 두려워
허공에 내 숨결 흩뿌려
단단히 매달아 둡니다

무궁화 꽃

다시는 울지 않으리라
피 토하는 심정으로 다짐했지만

사랑이라 믿었던 마음에
발등 찍혀 돌아서니
장맛비 되어 무수히 떨어지는
무궁화 꽃잎들

밤을 새며 애달파도
이젠 찾는 이 하나 없네

천년을 이어 온 우리나라 꽃
고샅길로 밀려나
뚝뚝 눈물 되어 떨어지는
무궁화 꽃

사라진 것들

올챙이 물장구치던 개울
두터운 덮개 덮이니
수많은 추억을 안고 하늘거리던
코스모스가 사라지고

시멘트가 흙을 대신하니
장독대와 인사나누던 맨드라미
커다란 눈으로 보초서던
담장 옆 접시꽃이 사라졌더라

높은 건물이 옛집을 대신하고
빠름이 느림의 정취를 덮으니
앞마당과 아이가 사라지고
개가 식솔이 되어 사람 품에 안기던
그날 언제쯤 부터

과꽃과 채송화, 봉선화, 나팔꽃은
이제 그림과 사진 속에 숨어들었다

다시 설렘

흠뻑 젖은 가슴에 피어난 꽃
내 마음에 깃들기 위해
몇 번의 계절이 오고 갔나

이별이 그리움만
남기는 것이 아니더라

아직 남아 있는 아린 것들이
한 겹 두 겹 농밀히 쌓여
가슴에 통증을 심으며
마음속 깊이 파고드는데

싱그러운 웃음으로 다가오는
미련하다 말할 사랑
가슴을 열어 맞이하는
청자빛 신비로운 사랑

마음아! 다시 설레 보자.

고장난 선풍기

깨끗이 목욕시키고 옷 입혀
은밀한 곳에 두었다가
밤꽃 필 때 쯤이면
어김없이 찾아와 주는 그녀

겨우내 입혀 둔 옷 벗기고
이곳 저곳 문질러도
다시 힘 얻지 못하네
애절한 눈빛으로 쳐다보는 그녀

"고장 났나 봐"
심드렁한 말 한마디
옷도 안 입힌 채 밖으로 쫓아낸다

그녀와 내가 같이 한 세월 십여 년인데
이토록 냉정할 수 있단 말인가
소나기, 눈물되어 하염없이 몸 위를 덮네

SNS

희로애락 소식을
전광석화처럼
빠르게 전하는 SNS

별처럼 쏟아지는 사연들
세계만방 우주에 이르기까지
한결같이 전하는 SNS

한순간도 멈춤 없이 일하니
문득, 번아웃 걱정이 앞서네

"잠시라도 쉬어라"는
차마 내뱉지 못하는 말

세상이 디스토피아로 변할까
두렵기 때문이라

행복이란

살랑살랑 그린나래 옷 입고
콩닥콩닥 가슴 부여잡고

꽃 빛깔이 가득 펼쳐진 고샅에서
당신의 손을 잡으니

나불나불 나비가 되었다가
달짝지근 꽃 향기가 되었다가

행복이란
일상에서 느끼는 아주 사소한 것

당신의 손을 잡는 것만으로도
행복하여라

*고샅-시골마을의 좁은길.또는 골목 사이

엄마·천화기 너머로 들려오는 그 목소리에
엄마는 온갖 희노애락을 넘나들고
엄마·아무말없는 수수께끼만 들려와도
상황을 알수있는 엄마의 신통력
엄마·한마디만 들어도 엄마는 안심을 하네
아 오늘도 아무일없이 지냈구나
수 자식이 희소식 이라지만 천만번 들어도
또 듣고싶은말 엄마 엄마 사랑해요

걸혜남의 엄마를 찾다 반석 최홍구

40x50 엄마

몰래카메라

누가 이토록 은밀히
내 머리에 몰카를 심어 놓았을까
그렇지 않고서야,
어찌 나의 생각을 꿰뚫어 보는가

누가 이토록 은밀히
내 공간에 몰카를 심어 놓았을까
그렇지 않고서야,
어찌 나의 필요를 채워 주는가

범인은 바로, 며느리
몰카가 아닌 텔레파시라는
그대 해명, 기꺼이 속아주리

몰카든 텔레파시든
그대의 사랑에 이토록 행복한 나

꿀맛

무 썩썩 썰어 새콤달콤 무치고
콩나물 한 숨 죽여
가지런히 놓고
고사리 호박 들기름에 들들 볶아
당신 손 닮은 투박한 그릇에
밥 한 주걱 무심히 던져 넣고

고추장 한 숟가락 퍼서
참기름 깨소금 더하여
당신과 함께
꽃무늬 앉은뱅이 밥상에 앉아
쓱쓱 비벼 먹으니 이맛, 꿀맛이네

그런데 진정한 꿀 맛은
당신의 눈을 바라보며
비빔밥을 함께 먹는
그것이야 말로
진정, 꿀맛이로세!

달콤한 사탕

"어머님, 아버님, 구경 오세요"
확성기 소리, 달콤한 속삭임
호미 대신 머리핀
괭이 대신 면도기
장터에 나선 날

젊은 장사꾼의 하늘거리는 춤사위 ,
구성진 노래에 넋을 잃은 결과
두 손에 남겨진
옥장판과 만병통치약

아침 햇살 속, 꿈에서 깨어보니
눈 앞에 놓인 계산서와 카드
흐릿한 눈물, 깊은 한숨.

아,
달콤한 사탕인 줄 알았건만
목이 막히는 쓰디쓴 인생이어라

감또개

밤 마실 나온 감또개
다가오는 햇볕에 눈부셔
쪼르르 나뭇잎 밑에 숨었네

조잘조잘 목소리 따라
부스럭, 부스럭 얼굴 내미는 감또개

깔깔, 낄낄 아이들 웃음소리
조마조마 긴장하는 감또개
그 웃음 가득한 손에 들려
바구니에 담기네

꽃과 함께 떨어진 미완의 감
아이들 손길 닿아
진주 목걸이 되고 금강석 반지 되니
이제, 감또개는
아이들의 보물이 되었네

세탁기와 건조기

덜덜덜, 꼴깍꼴깍 숨 넘어갈 듯 도는
통돌이 구형 세탁기
하긴, 십오 년 세월 그럴 만도 하지

자식들 성화에 따라 간
가전제품 판매점
아이구….. 신세계가 따로 없구나

너무 비싸 망설이는데
며느리는 고르고, 아들은 웃고 있네
못 이기는 척 슬며시 뒤로 빠지니

드럼세탁기가 짝꿍 건조기를 업고 와
어느새 집안에 자리잡았네
며칠 밤 잠 못 자겠네, 좋아서

　　(세탁기와 건조기를 사준 큰아들 내외와
　　설치하느라고 애쓴 막냇동생에게 감사하며)

엄마

"엄마"
전화기 너머 들려오는 목소리에
엄마는 온갖 희로애락을 넘나들고

"엄마"
아무 말 없는 숨소리만 들려와도
상황을 알 수 있는 엄마의 신통력

"엄마"
한마디만 들어도 엄마는 안심하네
아, 오늘도 아무 일 없이 잘 지났구나

무소식이 희소식이라지만
천만 번 들어도 또 듣고 싶은 말
"엄마"
"엄마, 사랑해요"

스크린 골프

아들 손주 며느리 온가족이
스크린 골프장에 모였다

언더파 아빠도
아흔타 큰아들, 며느리, 작은아들도
무아지경 골프 삼매경

"탕! 슈우웅~ "
" 와~~~~~장타다"
조심조심 어프로치
아싸! 그린에 올렸다!

이리 보고 저리 재어보고
손끝에 힘을 모아
툭…데구르르,
"어~어~아이고…아까비"
홀컵을 스치듯 지나가는 공

짜장과 짬뽕 색이
내 마음 네 마음
하하 호호 히히
온 가족 웃음소리
즐거운 오락 스크린 골프

열대야

30도를 등에 업은
가마솥 열대야
깔딱깔딱 조여오는 숨통
호위무사 에어컨마저
속수무책인 밤

끈적한 땀에
척척 달라붙는 모기 떼들
열대야와 한패가 되어
포식자를 찾아 헤매는 밤

허우적거리는 몸의
애절한 구조신호
하늘이여!
세찬 빗줄기로
이 가마솥 불 좀 꺼 주소서!

붓 춤

하늘 향해 하얀 돗자리
좌르륵 펼치니
그 위에서 신바람 난 붓이
덩실덩실 춤을 추네

한 마당 두 마당
휘몰아치는 붓의 춤사위에
산천초목도 흔들흔들

한바탕 붓의 춤사위가 끝나고
거둬 내린 돗자리 위에
사뿐히 내려앉은 붓글씨

붓 춤, 그 끝에 해맑게 피어난
영롱한 붓글씨

고물차

나와 함께 늙어 가는
십칠 년 된 고물차
불평 없이 차 키 건네받고
속 깊은 미소 짓는 아들

털털거리는 바퀴
헥헥거리는 엔진
너덜너덜 닳아버린
운전석 의자

좋은 차 사줄 만도
멋진 차 원할 법도 하건만
생애 첫 차는 십칠 년 된 고물차

아들의 젊은 에너지 먹고
오늘도 지치지 않고
힘차게 달리는 고물차

참 좋은 만남

반가운 만남은
삶에 윤활유가 되어
좋은 향기로 남고

즐거운 만남은
평생의 기쁨을 나누는
수다쟁이 벗이 되고

행복한 만남은
몸을 간질거리는
웃음 바이러스를 안기네

말이 많아지고
붙잡아 두고 싶고
예뻐서 안아주고 싶은

오늘 만난 당신이
바로 그런 만남이라오

살다 보면

꽃이 진다고 슬퍼하지 마세요
붉은 피 흩어진 자리 열매 맺고
새 삶을 이어갈 내일이 있어요

너무 강력한 자극을 바라지 마세요
햇살 한 줌으로도
영혼을 적시는 삶이 움터요

살 밑을 파고 드는 아픔을 도려내세요
내가 치러야 할 모든 아픔
잿빛 밤하늘 별에게 쏟아버리세요

살을 애는 추위가 있으면
찌는 듯한 더위도 있어요
살다 보면 다 지나가는 것
그렇게 다 지나가는 것

보험

만병통치, 만능 혜택 광고를 보면
아픈 사람 없고
치료비 걱정도 없을 듯한데

극대화된 광고 속 보험
최상위 불신의 유예
무시하자니 올가망하고
가입하자니 탐탁잖네

무병장수가 원이로되
내일 일 모르는 게 인생이라
어찌 감히 논할 수 있으랴

주머니 털어 가입하고
돌아서서 후회하는
보험, ㄱ것은 인생인 듯하다

　*올가망하다-근심스럽거나 답답하여 기분이 나지 않는
상태

짬뽕 한 그릇

오늘은 짬뽕이 몹시 당기네
이심전심
"짬뽕 먹으러 갈까? "

재빨리 핸드폰 집어 들고
동동걸음 성큼걸음
시샘한 바람이 발목을 스치며 따라오네

"여기 짬뽕 한 그릇이요 "
"탕수육 작은 것도요 "

입안을 돌아 위까지 짜릿하게 빨려드는
오월의 붉은 장미보다 더 붉은 짬뽕국물

사람은 둘인데 짬뽕은 한 그릇
그래도 눈치 볼 것 없네
왜냐하면 탕수육도 시켰으니

홈쇼핑

홈쇼핑 언니의 유혹에
점입가경
눈 번쩍 뜨이는 가전제품
어우 맛있겠다 갈비탕
입어볼까 고운 원피스

나풀나풀 스카프 두르고
매진 임박, 하늘 색 가방 메고
갈색 선글라스도
머리에 얹고
살랑살랑 꽃구경 가라 하네

안된다는 머리와
한 번만 마음의 치열한 갈등
누를까 말까 바들거리는
엄지손가락
허공 응시하는 불안한 눈동자
리모컨과의 싸움
일촉즉발,

구원의 전화벨
"정신 차려!"
홈쇼핑 언니,
다음 기회에 만나요

만남

허공에 걸린 거미줄 끝
아슬아슬 매달린 이슬방울
조마조마 꽃봉오리에 내려앉아
살며시 미소짓는
해님과의 만남

해 질 녘
아스라이 내려앉는 저녁 노을
잔잔한 바다 끝
수평선 너머 아른거리는
달 그림자와의 만남

결국,
운명적으로 만나게 되어 있는
아름답고 처절한 필연의 만남

수많은 인연 속
단 하나의 그대를 만나
연출도 없고 각본도 없이
만남이라는

한편의 기막힌 드라마를 만들었다

부디,
이 드라마가 찬란한 결말 이루기를

기분 좋은 날

건강검진 후 받아 든 결과지
이상 소견 있을지 모른다는
진실 앞에 놓인 두려움

데굴데굴 돌아가는 눈
두근두근 거리는 가슴
아무 말 없이 넘기는 종잇장
짓누르는 무거운 공기

헛기침 한 번 숨 고르기 두 번
시나브로 밝아지는 눈빛
당당하게 가슴 쫙 펼치니
빙싯빙싯 올라가는 입 꼬리

말하지 않아도 안다네
기분 좋은 결과지
오늘 기분 째진다

6부. 가족

남편손은 약손 신기한손
뚝배기 같이 투박하고 거북등 같이
거칠지만 착하고 부드러운 손
아픈곳을 만지면 통증이 가시고
굳은허리도 펴지고 무거운 다리도
날개단듯 가벼워지는 신기하고
고마운손 아픈사랑 가녔다며
통증을 덜어주려 성심성의 다하는
마음과 손의 합작에
아픈사람도 웃고 남편도 웃고
모두가 행복해지는 사랑이 듬뿍 담긴
남편손은 약손 신기한손

설혜 님의 신기한손 만석

서예가 남편

하늘에 팔 저으니 용사비등이라
용이 날아오르고
뱀이 꿈틀거린다

바다에 붓 담그니 일필휘지라
단숨에 회심의 걸작이
춤추며 나온다

문방사우와 함께한
모든 시간, 모든 날
동고동락, 희로애락
밤을 지세우며 글씨에 담았어도
아직 부족하다는
서예가 남편

차곡차곡 쌓여가는
수많은 종이들
다락 속에 잠들어
깨어나기를 기다리는
피땀 어린 작품들

온 맘과 정성으로
서예가로서의 이름 놓지 않고
오늘도
밤을 지세운다

대박

길몽을 믿고 대박을 기대했던 복권
36개 숫자 중 하나도 맞지 않다니
뽑기도 한 번 당첨된 적 없으니
운도 참 없지

허나, 안타깝지 않다
내 인생에 복권 당첨보다
더 큰 대박 있으니

첫 번째 대박, 근면 성실한 남편
두 번째 대박, 자랑거리 아들 둘
세 번째 대박, 딸 같은 소중한 며느리
그리고 보너스, 귀한 손녀들

이보다 더 큰 대박이
세상에 또 있을까

노산 (나이 많아서 아이를 낳음)

황혼 노을 닮은
마지막 남은 빛 사위어 갈 때
마른 가지, 온 힘 다해
새순을 틔우네

침묵의 긴 터널
깊은 어둠 뚫고 나타난 새벽
진주 물결 같은
눈부시게 아롱진 흰 눈이
사뿐히 내리던 날

하늘이 내린 축복
온 마음으로 밀려오는 환희

기쁨으로 찬송하라
복된 나의 아들아!

화장품

"어머니, 얼굴에 바르세요"
며느리가 수줍게 건넨
비단 위에 곱게 자리한 화장품

"아이구 이렇게 좋은 걸? 너나 바르지"
말은 그렇게 했어도
얼굴은 실룩실룩, 가슴은 두근두근

뽀드득 뽀드득 세수하고
토닥토닥 스킨, 로션
문질문질 영양 크림
얼굴 주름아 사라져라
주문 외듯 열심히 바른다

정성 듬뿍, 마음 담뿍
며느리의 사랑으로
얼굴에는 광채 나고
마음에는 사랑이 샘솟는다

신기한 손

남편 손은 약손,
신기한 손
뚝배기같이 투박하고
거북이 등처럼 거칠지만
착하고 부드러운 손

아픈 곳을 만지면
통증이 가시고
굽은 허리도 펴지고
무거운 다리도
날개 단 듯 가벼워지는
신기하고 고마운 손

아픈 사람 가여워하며
통증을 덜어주려
성심성의를 다한
손과 마음의 합작에
아픈 사람도 웃고,
남편도 웃고

모두가 행복해지는
사랑이 듬뿍 담긴
남편 손은 약손,
신기한 손

이사

덩그렇게 놓인 쌓다 만 짐
바닥에 철퍼덕 주저 앉아
멍하니 바라보는 초점 없는 눈

이삿짐 쌓고 풀기를 수십 번
부평초 같은 세월
그것은 삶의 발버둥이며
아우성이었네

태어난 곳에서
평생을 살아간다 하는
이들도 있다는데

녹록지 않던 그때를 떠올리니
마음이 아려온다

(초등학교를 4번이나 옮겨야 했던 큰아들에게 미안함을 담아)

후회

갈치조림을 하면
마리아나 해구보다
깊은 곳에 숨었던 후회가
시나브로 솟아오르네

부모는 자식에게 못 해준 것만
사무치게 아프다더니

큰아들 군대 가기 전날
먹고 싶다는 그 갈치조림
비싼 갈치 못 본 척 두 눈 감고
덜 비싼 고등어 조렸지

아, 이렇게 오래도록
해마 깊숙이 자리할 줄 알았다면
두 눈 감지 말고 한쪽 눈만 감을 걸

*해마-주로 장기기억 형성, 공간지각, 감정 조절에
핵심적 역활을 하는 뇌 구조

기도

시월의 마지막 날,
때 이른 풋눈이 흩날리던 늦은 밤
청룡 태몽을 꾸어 태어난 아이

보조개에 바다를 담고
커다란 눈에 하늘을 담고
햇살 같은 웃음으로 세상을 밝히었지

방종이 아닌 자유롭기를
세상에 외로이 서 있지 않기를
신의를 지키는 사람이기를
간장 계란밥의 참기름처럼
고소한 향 진하게 남기는 사람이기를

기도는,
이미 받은 것에 대한 감사라지만
그래도 마음 모아 기도 했네
이름값 하는 아들 되게 하소서

운전 연습

늦둥이아들 면허 따고
첫 운전 연습 하는 날
덜컹거리는 고물차 조수석
불안하게 걸터 앉은 엉덩이

어색한 웃음, 덤덤한듯
핸들 잡은 아들 손
슬며시 스며 나오는 긴장감

생채기 나도록 주먹 꽉 쥐고
아들보다 먼저 브레이크 밟고
아들보다 먼저 꺾는 핸들

조마조마한 마음 떨치고
차창 밖을 보니
초록이 성큼 다가와 있네.

남편, 남의 편

남편 당신은 웃음꽃
남의 편은 시린 눈물 꽃

남편 당신은 나의 자랑거리
남의 편은 서운한 비방거리

남편 당신은 함께 걷는 동반자
남의 편은 마주 선 낯선 사람

남편 당신은 나의 릴렉스
남의 편은 숨막히는 스트레스

남편 당신은 언제나 내 편이기에
내 삶에 행복 꽃 피네

벽걸이 선반

쾅쾅쾅 드르륵 드르륵
망치소리 드릴소리
부서진 벽걸이 선반 수리

바쁜 손놀림 복잡한 머릿속
이리저리 재 보고
요리조리 붙여 봐도
나오지 않는 각

"그만 만지고 하나 사"

슬쩍 건넨 충고에도
아랑곳 않고
집어 던진 망치 다시 잡고

탁탁 깨진 것 붙여보고
드르륵 무너진 것 다시 세워
결국 만들어낸 벽걸이 선반

안 되면 되게 하라는 말
어불성설이 아님을 증명이라도 하듯
완성된 선반 위에 스피커 얹고
자랑스레 웃는
늦둥이 아들

큰아들 결혼식

큰아들과 늦둥이 작은아들
스무 살 차이
아들 같은 동생
아빠 같은 형

큰아들 결혼식
하객들이 수근수근
"엄마가 재취인가 봐? "
" 속도위반인가? "

큰아들에게는 젊은 엄마, 아빠
작은아들에게는 나이 든 엄마, 아빠

늦둥이 작은아들
엄마뻘인 형수 손잡고
앞니 빠진 얼굴 함박웃음 지으니
엄마도 웃는다
아빠도 따라 웃는다

내 동생

내 동생 얼굴에
드디어 집 나갔던 웃음이 돌아왔다

새야 새야 울지 마라
울지 말고 웃자, 웃어

해바라기 영근 가슴
알알이 내어 주고

텅 빈 가슴 무거울 것도 없으련만
어찌 그리 고개 들지 못 하는지

이제야 비로소 고개 바짝 들고
눈 시린 하늘 보고
배시시 웃는 얼굴

에이, 크게나 웃지

오 남매

독수리 오 남매
우애 깃발 아래 사랑으로 뭉친다

약간의 게으름과 귀차니즘으로
중간만 하자는 태평한 잠퉁이 첫째

영특하고 인정 많고 부지런하고
여린 마음으로 대소사를 돌보는 똑순이 둘째

선도 안 본다는 예쁜 셋째   딸
오목조목 복순이, 오목이 셋째

"난 행복해요"를 외치는 아픈 손가락
영원한 피터팬 음악가 넷째

열 두 가지 재주 가진 놈
저녁거리가 없다는데
그 재주로 먹고 사는 돌연변이 맥가이버 막내

한 공장에서 한 재료로
만들어졌어도
조금 찌그러질 수도
조금 깨질 수도
조금 돌연변이가
나올 수도 있지만

서로 얼싸안고 감싸주며
찌그러진 것 펴주고
깨진 것 때워주며
돌연변이는 흠….

오늘도 의좋은 우리 오 남매
동기일신 깃발 아래 뭉친다

　　*동기일신－한 몸이나 다르없다는 말

동서

우리 인연 참 애달프다
동서는 박씨, 나는 이씨
남편들이 형제라는 이유 하나만으로
가족이 되어 형님 아우가 되었다

마음으로 의지하며
무소식이 희소식이라
무심한 듯 흘러간 지난 세월
어느 날 문득, 동서를 보았다

고립무원 시절
어린 것들 가슴에 안고
핏덩이, 이 어린 것을 어찌할꼬
울부짖던 애달픔을

지쳐두 쓰러질 수 없기에
저리고 시린 몸
두 손 짚고 일어나
"형님, 저 괜찮아요"
목소리에 힘 팍 주고

억지웃음 짓는다

가시밭길 헤치느라
몸도 마음도 만신창이가 된 동서
내 코가 석 자여서
돌아볼 여유조차 없었네

마음의 겨울이 너무 길지 않기를
봄이 오면 모든 시름 다 털고
살랑거리는 꽃 블라우스 입고
꽃 구경 가세나

사돈 사이

가깝고 싶으나 어렵고
멀리 하자니 신경 쓰이는
가깝고도 먼 사이
아들과 딸을 나누어 가졌는데도
서로 어려워하는 사이

어쩌다 전화에 괜한 헛기침
아들딸 안부보다 그냥 저냥 세상 얘기만

사돈의 사전적 뜻은
'혼인한 두 집안의 부모님 '
그 어떤 것보다 아름다운 사이인데

아무 때나 불쑥 전화해서
아들딸 자랑 늘어놓고
언니나 친구처럼 수다 떠는
그런 사돈 사이가 되고 싶네

잠퉁이

업어가도 모를 만큼
깊은 잠에 갇힌 나
그래서 내 별명은
잠퉁이

바보 새 알바트로스는
육일 동안 잠도 안자고
바다를 누비고
기린은
하루 겨우 한 두시간 잔다는데

아, 어찌하랴
잠이 뭐라고,
새벽기도 제대로 가지 못하고
철야기도는 꿈도 꾸지 못했다

잠 때문에,
오해와 핀잔도 있었지만
SIK3 유전자 때문이라고
핑계를 대는 나

그러나,
이제 와서 보니
잠퉁이인 내가 좋고
지금도 잘 자는 내가 좋다

  SIK3유전자-이 유전자는 수면 시간과 깊이를 조절하는
핵심 기능을 담당하는 유전자로 알려져 있다. 뇌 시냅스
활성화와 관련된 효소로 SIK3 돌연변이가 있으면 수면이
짧아지는 경향이 있으며, 반대로 활성이 낮으면 잠이 많아 질 수
있다

나는 시인이 아니다
　　설해 시집

2025 년 10 월 16 일 인쇄
2025 년 10 월 20 일 발행

지은이　　설해
펴낸이　　동일성
펴낸곳　　사색공간 출판사
출판등록　제 2020-000011 호
주소　　　서울시 관악구 승방 3 가길 39
　　　　　502 호
전화　　　02-582-4028
이메일　　dongiss@hanmail.net

ISBN　　　97911-9696-9-0